Illustrations : Victoria Lafaurie

Les Niçois, eine Familiengeschichte

Die Kinder in Paris, die Onkel, Eltern und Großeltern in der Provence. Sie vertrauen uns ihre Rezepte und Küchengeheimnisse an, wir entwickeln sie im *Les Niçois* weiter, unserer *Cantine* in Paris, die wir 2014 eröffnet haben.

Im Stehen, im Sitzen an der Bar, am Klavier oder auf dem Pétanque-Platz – im *Les Niçois* stehen die traditionellen Rezepte von Oma Fafa und Onkel Jeannot im Mittelpunkt. Pissaladière, Tapenade, Sardinade ... Auf der Karte steht der wahre Geschmack der *Baie des Anges*. Nach einer langen Siesta und einer schönen Partie Pétanque haben wir das Beste der Provence mit Pasten und Tapas neu überdacht; man kann sie jederzeit mit der Familie oder mit Freunden teilen.

Damit bringen wir den Esprit der französischen Riviera das ganze Jahr über auf den Tisch.

LUC SANANES/OLIVIER CHINI

DIPS UND SNACKS

FÜR APERO UND PARTY

FOTOS VON AURÉLIE MIQUEL
AUS DEM FRANZÖSISCHEN VON KAREN GERWIG

JAN THORBECKE VERLAG

INHALT

PIZZATEIG

Für 1 Pizza
Zubereitung: 30 Minuten
Ruhezeit: 1 Stunde 20 Minuten
Backzeit: 10–15 Minuten

15 g frische Hefe	½ TL Salz
1 Prise Zucker	2 EL Olivenöl
2 EL warmes Wasser	150 ml kaltes Wasser
250 g Mehl	

Die Hefe mit dem Zucker im warmen Wasser auflösen. 20 Minuten gehen lassen.

Mehl und Salz in einer Schüssel vermischen, in der Mitte eine Kuhle bilden. Die aufgelöste Hefe und das Olivenöl hineingeben. Mit den Händen vermischen, dabei nach und nach das kalte Wasser dazugeben, bis ein weicher, homogener Teig entsteht, der sich leicht von der Schüssel löst. Den Teig leicht bemehlen, mit einem sauberen Geschirrtuch abdecken und eine Stunde bei Zimmertemperatur gehen lassen.

Den Ofen auf 250 °C vorheizen. Den Teig mit den Händen ordentlich klopfen, damit die Luft daraus entweicht. Danach schnell durchkneten und rund oder viereckig auf einer bemehlten Arbeitsplatte ausrollen. 10–15 Minuten backen.

GRISSINI-TEIG

Für 20 Grissini
Zubereitung: 30 Minuten
Ruhezeit: 1 Stunde 10 Minuten
Backzeit: 15–20 Minuten

15 g frische Hefe	35 g besonders gutes Olivenöl
135 ml lauwarmes Wasser	20 g Sesam
225 g Mehl	20 g Mohn
7,5 g Salz	

Die Hefe im lauwarmen Wasser auflösen. Mehl und Salz in einer Schüssel vermischen, in der Mitte eine Kuhle bilden. Die aufgelöste Hefe hineingeben. Mit der Küchenmaschine oder den Händen verkneten, bis der Teig weich und glatt ist und sich leicht von der Schüssel löst. Auf 15 × 20 cm ausrollen. Mit Olivenöl beträufeln, mit leicht eingeölter Frischhaltefolie abdecken und eine Stunde in der Wärme gehen lassen.

Den Ofen auf 200 °C vorheizen. Sesam- und Mohnsaat auf der Arbeitsplatte verteilen. Den Teig in 2 Rechtecke von 7,5 × 10 cm schneiden, dann jeweils in zehn je 1 cm breite Streifen schneiden. Die Streifen jeweils vorsichtig auf 30 cm Länge ziehen.

Die Grissini in der Sesam- und Mohnsaat wälzen und mit gutem Abstand auf zwei eingefettete Backbleche legen. Mit Öl bepinseln. 10 Minuten an einem warmen Ort ruhen lassen. 15–20 Minuten backen. Auf einem Kuchenrost abkühlen lassen.

FOCACCIA-TEIG

Für 1 Focaccia
Zubereitung: 35 Minuten
Ruhezeit: 2 Stunden
Backzeit: 15 Minuten

20 g frische Hefe	300 g Mehl
200 ml lauwarmes Wasser	1 TL Salz
1 TL Zucker	½ TL grobes Salz
Olivenöl	1 Zweig Thymian

Die Hefe im lauwarmen Wasser auflösen. Den Zucker,
2 EL Olivenöl und die Hälfte des Mehls dazugeben. Verkneten,
bis ein glatter, ziemlich flüssiger Teig entsteht. Das Salz
zugeben, 2–3 Minuten kneten, dann den Rest des Mehls
unterkneten, bis der Teig eine Kugel bildet.

Ca. 50 ml Olivenöl auf ein Blech von 20 × 30 cm geben. Den
Teig einige Minuten auf der bemehlten Arbeitsplatte kneten.
Ein Rechteck formen, das etwas kleiner ist als das Blech, und
aufs Blech legen. Mit einem Geschirrtuch abdecken und eine
Stunde gehen lassen. Der Teig soll auf das doppelte Volumen
aufgehen. Dann den Teig auf die Größe des Blechs ausziehen.
Mit 1 EL Olivenöl bepinseln. 30 Minuten ruhen lassen.

Den Teig mit dem Finger in regelmäßigen Abständen einstechen. Mit Olivenöl bepinseln und 30 Minuten ruhen lassen.

Den Ofen auf 220 °C vorheizen. Die Focaccia mit dem groben
Salz und den Thymianblättchen bestreuen. Die Oberfläche mit
etwas zimmerwarmem Wasser befeuchten und 15 Minuten
backen. Auf einem Rost abkühlen lassen, dann schneiden.

BROTTEIG

Für 1 großes Brot
Zubereitung: 30 Minuten
Ruhezeit: 2 Stunden
Backzeit: 1 Stunde 15 Minuten

200 g Mehl Type 405	1 EL Salz
200 g Mehl Type 110	1 Pk. Trockenhefe
200 g Vollkornmehl	400 ml lauwarmes Wasser

Mehl und Salz in einer Schüssel mischen. Die Hefe in das
lauwarme Wasser rühren und unter Rühren nach und nach
unter das Mehl arbeiten.

Mit etwas Mehl bestäuben und 5 Minuten von Hand kneten.
Falls nötig, etwas Mehl zugeben, damit der Teig nicht an den
Händen klebt.

Eine Kastenform mit Backpapier auskleiden. Den Teig hineingeben. 2 Stunden ruhen lassen.

In den kalten Ofen geben, die Temperatur auf 220 °C einstel-
len. Ca. 1 Stunde 15 Minuten backen, bis das Brot schön
goldbraun ist. Es ist durchgebacken, wenn das Messer, mit
dem man es anstich, sauber wieder herauskommt.

GRÜNE OLIVENPASTE

Für 4 Personen | **Zubereitung 15 Minuten**

150 g grüne Oliven
(von der kleinen,
fleischigen, knackigen
Sorte)
1 Bund Basilikum
1 Knoblauchzehe
½ Salzzitrone
4 EL Olivenöl
Salz, Pfeffer

Die Oliven entkernen, die Basilikumblätter abzupfen und den Knoblauch schälen. Die halbe Salzzitrone entkernen und hacken.

Die Zutaten mischen und das Olivenöl zugeben. Im Mixer oder Mörser zu einer körnigen Paste verarbeiten. Mit einer Prise Salz und Pfeffer abschmecken.

SCHWARZE OLIVENPASTE

Für 4 Personen | **Zubereitung 15 Minuten**

150 g schwarze Oliven
(von der kleinen,
fleischigen, knackigen
Sorte)
1 Bund Basilikum
1 Knoblauchzehe
½ Salzzitrone
4 EL Olivenöl
Salz, Pfeffer

Die Oliven entkernen, die Basilikumblätter abzupfen und den Knoblauch schälen. Die halbe Salzzitrone entkernen und hacken.

Die Zutaten mischen und das Olivenöl zugeben. Im Mixer oder Mörser zu einer körnigen Paste verarbeiten. Mit einer Prise Salz und Pfeffer abschmecken.

CONFIT VON SCHWARZEN OLIVEN

Für 4 Personen | **Zubereitung 15 Minuten** | **Kochzeit 25 Minuten**

100 g schwarze Oliven
ohne Stein
½ weiße Zwiebel
1 Knoblauchzehe
1 EL Zucker
Salz, grob gemahlener
Pfeffer
25 ml Wasser
1 EL Olivenöl

Die Oliven 3 Minuten in kochendem Wasser blanchieren. Abtropfen lassen und noch einmal wiederholen.

Die Oliven mit der gehackten Zwiebel und dem gehackten Knoblauch anbraten. Den Zucker, eine Prise Salz, den grob gemahlenen Pfeffer und 25 ml Wasser zufügen. 15 Minuten abgedeckt bei schwacher Hitze köcheln lassen.

Zusammen mit dem Olivenöl mixen, bis eine körnige Textur entsteht.

VARIANTE

Nach dem Mixen noch fein gewürfelte Salzzitrone unterrühren.

AUBERGINENPASTE

Für 4 Personen | **Zubereitung 15 Minuten** | **Backzeit 35 Minuten**

3 Auberginen
ca. 170 ml Olivenöl
2 EL Sesampaste
2 Knoblauchzehen
1 unbehandelte Zitrone
Salz
Piment d'Espelette
1 Bund Zitronenthymian

Den Ofen auf 180 °C vorheizen. Die Auberginen der Länge nach aufschneiden und mit dem Fruchtfleisch nach unten auf ein Blech legen. Mit Olivenöl einpinseln und 35 Minuten garen.

Dann das Fruchtfleisch herauskratzen und in eine Schüssel geben. Sesampaste, gehackten Knoblauch, restliches Olivenöl sowie Abrieb und Saft der Zitrone dazugeben. Alles mit einer Gabel zerdrücken. Mit einer Prise Salz, einer Prise Piment d'Espelette und dem fein gehackten Zitronenthymian würzen.

ARTISCHOCKENPASTE

Für 4 Personen | **Zubereitung 25 Minuten** | **Kochzeit 8 Minuten**

6 Artischocken
2 Zitronen
100 g Mehl
3 l Wasser
150 g Mascarpone
1 Bund Basilikum
1 Bund Thymian
2 Knoblauchzehen
50 g geriebener
   Parmesan
Salz

Die Artischocken putzen, Blätter, Stiel und Stroh entfernen. Die Artischocken-herzen mit dem Saft von 1,5 Zitronen in kaltes Wasser legen, damit sie nicht braun werden.

In einem Topf das Mehl in 3 l kaltes Wasser einrühren. Den Saft der restlichen halben Zitrone zugeben. Zum Kochen bringen und die Artischockenherzen 8 Minuten darin kochen, bis sie sich ohne Widerstand mit der Messerspitze einstechen lassen. Abtropfen lassen.

Mascarpone in einem Topf erhitzen. Vom Feuer nehmen, Artischocken, fein gehacktes Basilikum, Thymianblättchen, gehackten Knoblauch und geriebenen Parmesan dazugeben. Alles zusammen pürieren und mit Salz abschmecken.

TOMATENPASTE

Für 4 Personen | **Zubereitung 20 Minuten** | **Kochzeit 20 Minuten**

4 Ochsenherztomaten
6 Knoblauchzehen
55 ml Olivenöl
1 EL Tomatenmark
1 Zweig Thymian
1 Zweig Rosmarin
1 Prise Piment
  d'Espelette
Salz, Pfeffer

Die Tomaten über Kreuz einritzen und den Strunk herausschneiden, dann 30 Sekunden in kochendem Salzwasser blanchieren, danach in Eiswasser abschrecken. Schälen, Kerne entfernen und würfeln.

Die geschälten Knoblauchzehen in dem Olivenöl bei mittlerer Hitze anbraten, bis sie leicht Farbe angenommen haben. Tomatenwürfel, Tomatenmark, Thymianzweig, Rosmarinzweig und Piment d'Espelette dazugeben. 20 Minuten bei schwacher Hitze köcheln lassen.

Thymian und Rosmarin entfernen, die Paste pürieren und mit Salz und Pfeffer abschmecken.

LES NIÇOIS

ARTISCHOCKEN-TOMATEN-PASTE

Für 4 Personen | **Zubereitung 25 Minuten** | **Kochzeit 8 Minuten**

2 Artischocken
½ Zitrone
10 g Mehl
50 g Mascarpone
⅓ Bund Basilikum
⅓ Bund Thymian
1 Knoblauchzehe
20 g geriebener
   Parmesan
130 g Ziegenfrischkäse
30 g confierte Tomaten
Salz

Zubereitung: wie die Artischockenpaste auf Seite 14.

Den Ziegenfrischkäse und die gehackten confierten Tomaten dazugeben, dann alles zusammen pürieren und mit Salz abschmecken.

TIPP: Confierte Tomaten können Sie selbst machen: Dazu Tomaten häuten, entkernen und vierteln. Mit Salz, Pfeffer, etwas Zucker, Olivenöl, Knoblauch und Kräutern (z.B. Thymian und Rosmarin) auf einem Blech etwa 2 Stunden bei 60 °C im Ofen rösten, bis sie schrumpelig sind. Als Ersatz gehen auch in Öl eingelegte Tomaten.

MINZPESTO

Für 4 Personen | **Zubereitung 15 Minuten** | **Backzeit 6 Minuten**

1 Bund Minze
1 Bund Basilikum
25 g Pinienkerne
280 ml Olivenöl
2 Knoblauchzehen
50 g Parmesan
Salz, Pfeffer

Den Ofen auf 170 °C vorheizen. Minze und Basilikum abzupfen.

Die Pinienkerne 6 Minuten im Ofen rösten, bis sie goldbraun sind.

Im Mixer die Kräuter, die Pinienkerne, das Olivenöl, die geschälten Knoblauchzehen und den geriebenen Parmesan pürieren, bis die Masse homogen ist. Mit einer Prise Salz und Pfeffer abschmecken.

PESTO ROSSO

Für 4 Personen | Zubereitung 15 Minuten | Backzeit 6 Minuten

150 g confierte Tomaten
  (siehe Tipp auf
  Seite 18) oder in Öl
  eingelegte Tomaten
1 Knoblauchzehe
1 Bund Basilikum
50 g Parmesan
20 g Pinienkerne
110 ml Olivenöl
Salz, Pfeffer

Den Ofen auf 170 °C vorheizen. Die confierten Tomaten abtropfen lassen, den Knoblauch schälen, die Basilikumblätter abzupfen. Den Parmesan reiben. Die Pinienkerne 6 Minuten im Ofen rösten, bis sie goldbraun sind.

Alle Zutaten im Mixer pürieren, dann das Olivenöl zufügen. Mit einer Prise Salz und Pfeffer abschmecken.

BROKKOLIPESTO

Für 4 Personen | **Zubereitung 15 Minuten** | **Kochzeit 8 Minuten**

150 g Brokkoliröschen
1 Knoblauchzehe
½ Bund Basilikum
½ Bund Minze
20 g Parmesan
20 g Pinienkerne
170 ml Olivenöl
Salz, Pfeffer

Den Brokkoli 8 Minuten in kochendem Salzwasser garen. In Eiswasser abschrecken, damit er seine grüne Farbe behält, dann abtropfen lassen.

In einem Mixer den Brokkoli, den geschälten Knoblauch, die Basilikumblätter, die Minzblätter, den geriebenen Parmesan, die Pinienkerne und das Olivenöl pürieren, bis eine schöne, glatte Textur entsteht. Mit einer Prise Salz und Pfeffer abschmecken.

PAPRIKAPASTE

Für 4 Personen | **Zubereitung 15 Minuten** | **Backzeit 30–45 Minuten**

500 g rote Paprika
170 ml Olivenöl
3 Knoblauchzehen
Salz, Pfeffer

Den Ofen auf 180 °C vorheizen. Die Paprika auf einem Backblech je nach Größe 30–45 Minuten backen. Danach mit Frischhaltefolie abdecken und 10 Minuten ruhen lassen.

Die Paprika schälen und entkernen. Mit dem Olivenöl und dem geschälten Knoblauch pürieren. Mit einer Prise Salz und Pfeffer abschmecken.

SOMMERGEMÜSEPASTE

Für 4 Personen | **Zubereitung 15 Minuten** | **Kochzeit 40 Minuten**

3 Ochsenherztomaten
1 Aubergine
2 Zucchini
1 weiße Zwiebel
110 ml Olivenöl
2 Knoblauchzehen
1 Bund Thymian
1 Bund Rosmarin
Salz, Pfeffer

Das Gemüse waschen und in kleine Würfel schneiden. Die Zwiebel schälen und hacken.

Die Zwiebel mit etwas Olivenöl anschwitzen. Danach in dieser Reihenfolge zugeben: die Aubergine, die Zucchini und die Tomaten. Ca. 15 Minuten anbraten. Dann den gehackten Knoblauch und die Kräuterzweige zugeben. Abgedeckt bei schwacher Hitze 25 Minuten köcheln lassen.

Mit einer Prise Salz und Pfeffer abschmecken. Die Kräuterzweige entfernen.

ROTE-BETE-KICHERERBSENPASTE

Für 4 Personen | **Zubereitung 15 Minuten**

100 g gekochte
Kichererbsen
½ gegarte Rote Bete
50 g Sesampaste
2 EL Gemüsebrühe
2 EL Olivenöl
Saft von 1 Zitrone
1 Prise Zatar
1 Prise Kreuzkümmel
Salz, Pfeffer

Die Kichererbsen mit 30 g Roter Bete, der Sesampaste, der Gemüsebrühe, dem Olivenöl, dem Zitronensaft und den Gewürzen pürieren,
bis die Masse homogen ist. Mit einer Prise Salz und Pfeffer
abschmecken.

Mit der restlichen Roten Bete, etwas Zatar und einem Schuss
Olivenöl garnieren.

DICKE-BOHNEN-PINIENKERN-HUMMUS

Für 4 Personen | **Zubereitung 15 Minuten** | **Koch- und Backzeit 12 Minuten**

150 g ganze Dicke
Bohnen
25 g Pinienkerne
50 g Sesampaste
2 EL Olivenöl
Saft von 1 Zitrone
1 EL Zatar
1 EL Kreuzkümmel
Salz, Pfeffer

Den Ofen auf 170 °C vorheizen. Die Bohnen enthülsen und 6 Minuten in kochendem Salzwasser garen. Abtropfen lassen, dabei das Kochwasser aufheben, und die Bohnen in Eiswasser abschrecken, damit sie ihre grüne Farbe behalten.

Die Pinienkerne 6 Minuten im Ofen rösten, bis sie goldbraun sind.

Im Mixer die Bohnen, die Pinienkerne, die Sesampaste, 1 EL Bohnenkochwasser, das Olivenöl, den Zitronensaft und die Gewürze pürieren, bis die Masse schön homogen ist. Mit einer Prise Salz und Pfeffer abschmecken.

LES NIÇOIS

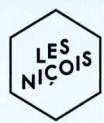

FEIGEN-KICHERERBSENPASTE

Für 4 Personen | **Zubereitung 10 Minuten** | **Kochzeit 5 Minuten**

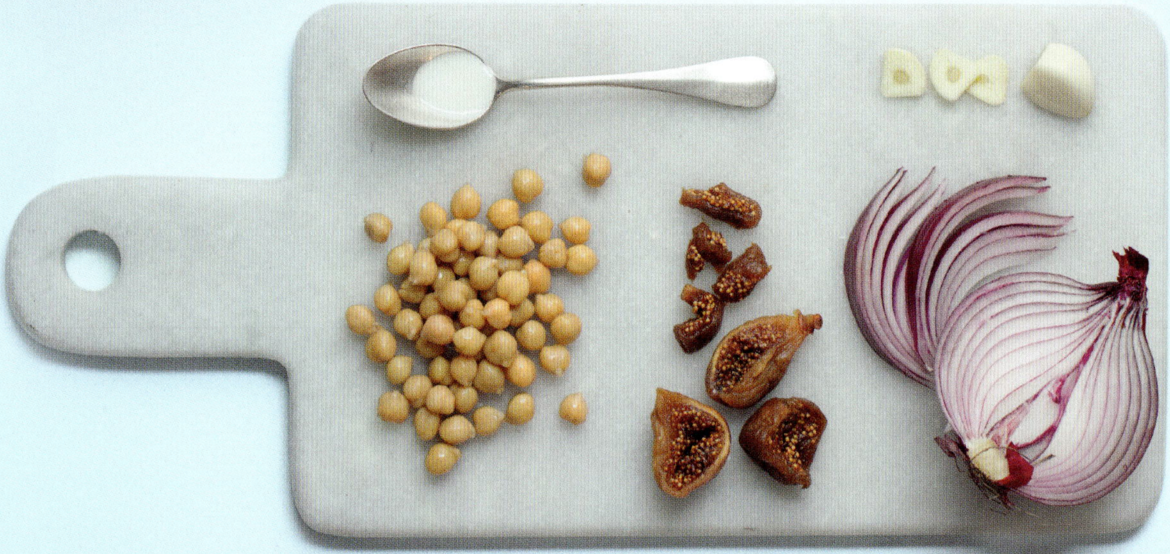

½ rote Zwiebel
1 Schuss Olivenöl
300 g gekochte Kichererbsen
150 g Sahne
3 Trockenfeigen
1 Knoblauchzehe
Salz, Pfeffer

Die gehackte Zwiebel in etwas Olivenöl anschwitzen.

Im Mixer die Kichererbsen, die Sahne, die Feigen, die Zwiebel und den geschälten Knoblauch pürieren, bis die Masse homogen ist. Mit einer Prise Salz und Pfeffer abschmecken.

PISSALAT MIT ZWIEBELKOMPOTT

Für 4 Personen | **Zubereitung 15 Minuten** | **Kochzeit 55 Minuten**

10 g Sardellen
10 g schwarze Oliven
3 Knoblauchzehen
35 ml Olivenöl
250 g weiße Zwiebeln
25 g Zucker
1 Zweig Thymian
1 Zweig Rosmarin
2 Lorbeerblätter
Salz, Pfeffer

Im Mixer die Sardellen, die schwarzen Oliven und den geschälten Knoblauch zu einer Pissalat pürieren.

Das Olivenöl in einem Topf erhitzen, die Pissalat zugeben, dann die gehackten Zwiebeln und den Zucker. Ca. 10 Minuten anschwitzen, bis die Mischung Farbe annimmt. Die Kräuterzweige und die Lorbeerblätter dazugeben. Abgedeckt 30–45 Minuten einköcheln, bis ein schönes Kompott entsteht, dabei regelmäßig umrühren. Die Kräuterzweige und die Lorbeerblätter entfernen und mit einer Prise Salz und Pfeffer abschmecken.

KNOBLAUCHSAUCE

Für 4 Personen | **Zubereitung 15 Minuten**

15 g Senf
1 Eigelb
Salz, Pfeffer
ca. 220 ml Pflanzenöl
5 Knoblauchzehen
Saft von 1 Zitrone
1 EL Sahne
1 Prise Piment
   d'Espelette

Den Senf mit dem Eigelb verrühren. Salzen und pfeffern. Das Öl unter Schlagen tröpfchenweise, dann in feinem Strahl zugeben, bis eine Mayonnaise entsteht.

Den durchgedrückten Knoblauch, den Zitronensaft und dann die Sahne unterrühren. Mit Piment d'Espelette und einer Prise Salz abschmecken.

SCHWARZE KNOBLAUCHCREME

Für 4 Personen | **Zubereitung 15 Minuten** | **Kochzeit 10 Minuten**

150 g Konditorsahne
(35 % Fett)
30 g schwarzer
Knoblauch
1 Zweig Thymian
1 Lorbeerblatt
30 g Süßrahmbutter

Die Sahne mit dem schwarzen Knoblauch, dem Thymian und dem Lorbeerblatt aufkochen, dann 10 Minuten reduzieren.

Die Kräuter entfernen. Die Masse mit 30 g kalter Butter im Mixer pürieren, bis sie eine cremige, homogene Konsistenz hat.

LES
NIÇOIS

TAHINI

Für 4 Personen | Zubereitung 10 Minuten | Backzeit 15 Minuten

150 g weißer Sesam
80 ml Pflanzenöl
100 g griechischer
Joghurt

Den Ofen auf 160 °C vorheizen. Den Sesam 15 Minuten im Ofen rösten, alle 5 Minuten bewegen, damit er nicht anbrennt.

Den gerösteten Sesam mit der Hälfte des Öls eine Minute im Mixer pürieren. Die Ränder des Behälters abschaben, um möglichst viel Sesam einzuarbeiten.

Das restliche Öl dazugeben und wieder eine Minute mixen, bis eine glatte, cremige Masse entsteht. Mit dem Joghurt vermischen.

BAGNA CAUDA

Für 4 Personen | **Zubereitung 15 Minuten** | **Kochzeit 5 Minuten**

100 g Sardellen
6 Knoblauchzehen
ca. 80 ml Milch
1 Scheibe Toastbrot
1 Eigelb
55 ml Olivenöl
Salz, Pfeffer

Die Sardellen abspülen, um sie zu entsalzen. Den entkeimten Knoblauch mit den Sardellen und der Hälfte der Milch in einen Topf geben. 5 Minuten bei schwacher Hitze ziehen lassen, bis die Mischung aufkocht. Das Toastbrot in der restlichen Milch einweichen.

Die beiden Mischungen abtropfen lassen und mischen. Das Eigelb dazugeben und aufschlagen, dabei zunächst tropfenweise, dann in feinem Strahl langsam das Öl unterschlagen, damit eine Mayonnaise entsteht. Salzen und pfeffern.

Mit rohem Gemüse zum Dippen servieren: Radicchio, gelbe, orangefarbene und lila Karotten, Kirschtomaten, Radieschen, Romanesco, gelbe, grüne, orangefarbene Paprika, Champignons, Schwarzer Rettich …

LES NIÇOIS

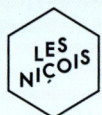

SARDELLENCREME

Für 4 Personen | **Zubereitung 15 Minuten**

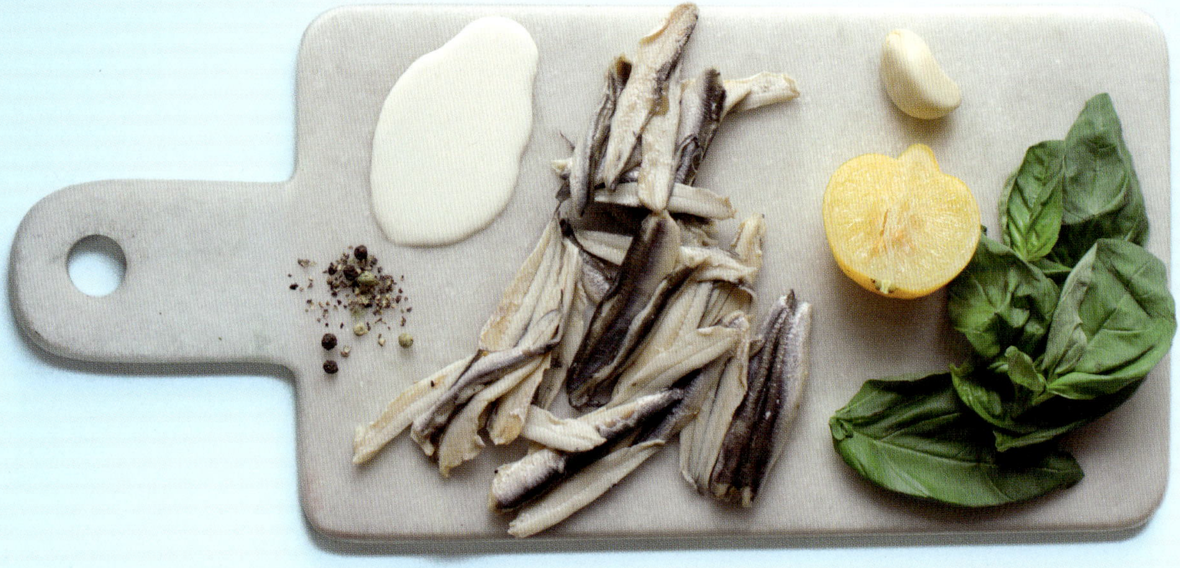

- 130 g marinierte Sardellen
- 120 g Sahne
- ½ Salzzitrone
- 1 Knoblauchzehe
- ½ Bund Basilikum
- Pfeffer

Im Mixer die Sardellen, die Sahne, die Salzzitrone, den Knoblauch und die Basilikumblätter zu einer Paste pürieren. Mit einer Prise Pfeffer abschmecken.

TARAMA MIT KRÄUTERN

Für 4 Personen | **Zubereitung 20 Minuten**

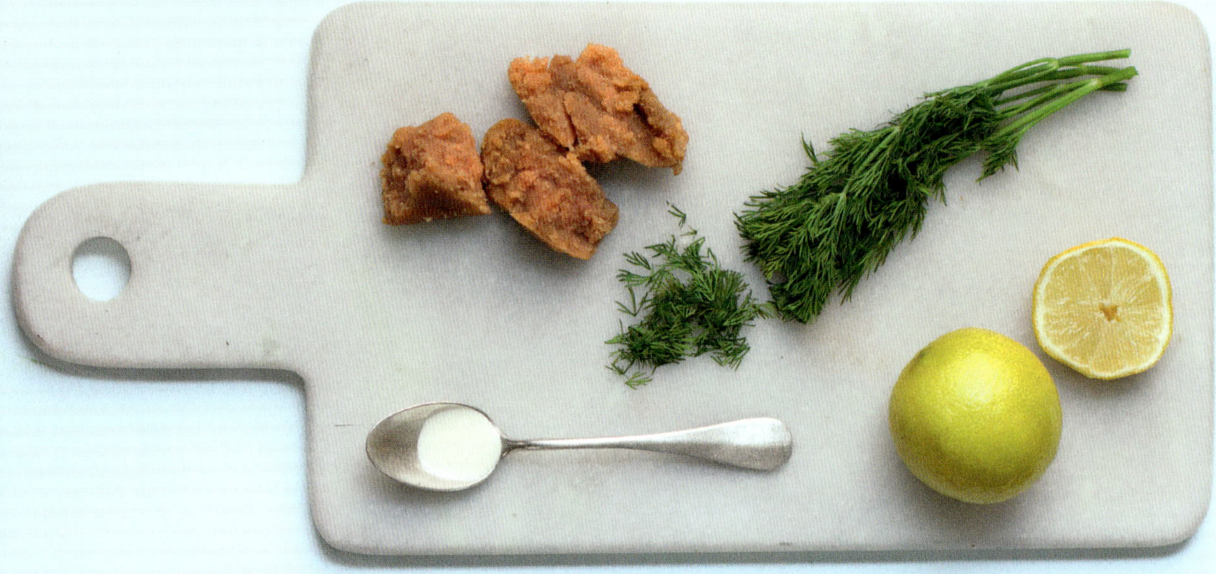

50 g geräucherter
Kabeljaurogen
200 g Konditorsahne
(35 %)
Saft von 1 Limette
Saft von 1 Zitrone
½ Bund Dill

Kabeljaurogen putzen, zerkrümeln und mit 50 g der Sahne, dem Limetten- und dem Zitronensaft mixen.

Die restliche Sahne schlagen und dann vorsichtig mit einem Spatel unter die Rogenmischung heben. Den gehackten Dill zugeben.

SARDINEN-RILLETTES

Für 4 Personen | **Zubereitung 15 Minuten** | **Backzeit 10–12 Minuten**

200 g Sardinenfilets
100 g Frischkäse
¼ Bund Frühlings-
    zwiebeln
¼ Bund glatte Petersilie
15 g Salzzitrone
Saft von 1 Zitrone
Salz, Pfeffer

Den Ofen auf 160 °C vorheizen. Die Sardinenfilets auf einem ein-geölten Blech 10–12 Minuten garen, je nach Größe der Sardinen.

Die Filets mit der Gabel zerdrücken, dann mit dem Frischkäse, den gehackten Frühlingszwiebeln, der gehackten Petersilie, der gehackten Salzzitrone und dem Zitronensaft verrühren, bis die Mischung homogen ist. Das Ganze mit einer Prise Salz und Pfeffer abschmecken.

THUNFISCH-RILLETTES

Für 4 Personen | **Zubereitung 10 Minuten**

¼ Bund Schnittlauch
6 Zweige glatte Petersilie
20 g rote Zwiebel
5 g Ingwer
200 g Thunfisch aus der Dose
50 g Mayonnaise
2 EL Olivenöl
Salz, Pfeffer

Schnittlauch, Petersilie und rote Zwiebel fein hacken. Den Ingwer schälen und reiben.

Den Thunfisch mit der Gabel zerpflücken, dann mit der Kräutermischung, der Mayonnaise und dem Olivenöl verrühren, bis die Masse homogen ist. Mit einer Prise Salz und Pfeffer abschmecken.

VARIANTE:

Frisches Thunfischfilet verwenden, das 10 Minuten auf einem eingeölten Backblech bei 160 °C im Ofen gegart wird.

FORELLEN-RILLETTES

Für 4 Personen | Zubereitung 10 Minuten | Backzeit 10 Minuten

20 g rote Zwiebel
1 Knoblauchzehe
5 Halme Schnittlauch
5 Zweige Dill
5 Zweige glatte
  Petersilie
150 g frisches
  Forellenfilet
2 EL Olivenöl für das
  Backblech
1 unbehandelte Zitrone
100 g Crème fraîche
Salz, Pfeffer

Den Ofen auf 160 °C vorheizen. Die Zwiebel schälen und fein schneiden, den Knoblauch schälen und in dünne Scheiben schneiden und die Kräuter hacken.

Das Fischfilet von Haut und Gräten befreien und 10 Minuten auf einem eingeölten Blech garen.

Dann mit der Gabel zerpflücken und mit der Zwiebel, den Kräutern, dem Knoblauch, dem Abrieb und Saft der Zitrone und der Crème fraîche mischen, bis eine homogene Masse entsteht. Mit einer Prise Salz und Pfeffer abschmecken.

ROUILLE MIT SEPIA

Für 4 Personen | **Zubereitung 15 Minuten** | **Einweichzeit 10 Minuten**

20 g Toastbrot
1 EL Fischfond
25 g gekochte Kartoffel
1 Eigelb
155 ml Olivenöl
3 Knoblauchzehen
1 Päckchen Sepiatinte
2 g Safran
Salz

Das Toastbrot 10 Minuten im Fischfond einweichen. Abtropfen lassen.

Die Kartoffel mit dem Toastbrot zerdrücken. Mit dem Schneebesen das Eigelb unterschlagen. Tropfenweise und später in einem feinen Strahl das Olivenöl unterschlagen, wie bei einer Mayonnaise.

Den durchgedrückten Knoblauch und die Sepiatinte zugeben. Mit je einer Prise Safran und Salz abschmecken.

LES NIÇOIS

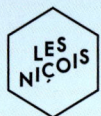

MEDITERRANER FRISCHKÄSE

Für 4 Personen | **Zubereitung 10 Minuten**

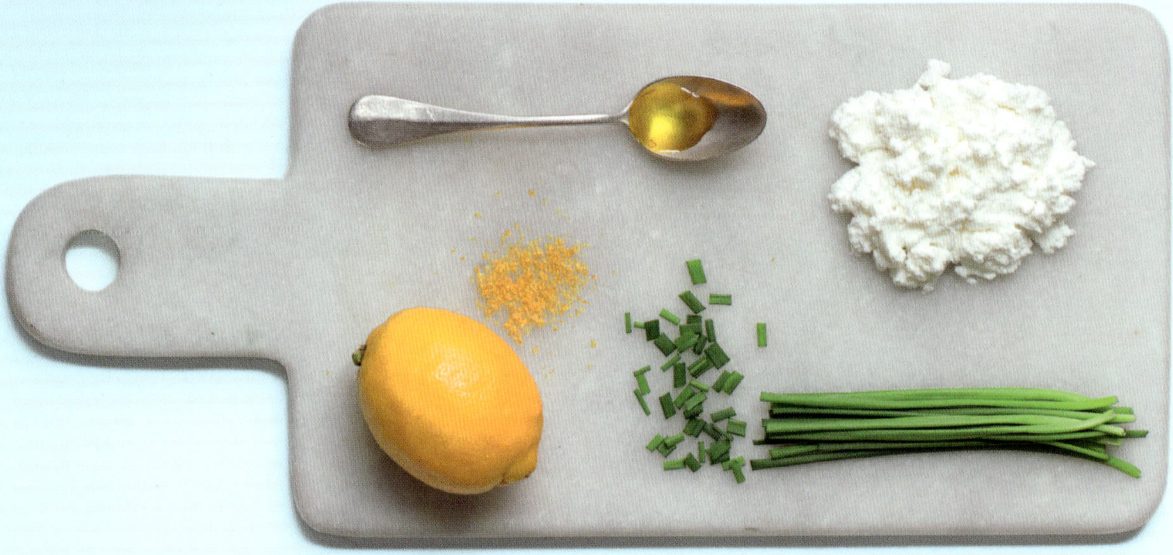

1 Bund Schnittlauch
1 unbehandelte Zitrone
100 g Ziegenfrischkäse
2 EL Olivenöl

Den Schnittlauch kleinschneiden, die Zitronenschale fein abreiben. Den Frischkäse zerdrücken und alle Zutaten verrühren.

LABNEH

Für 4 Personen | **Zubereitung 15 Minuten** | **Ruhezeit 24 Stunden** | **Backzeit 10 Minuten**

250 g Naturjoghurt
18 g Salz
20 g Sesam
1 Schuss Olivenöl

Den Joghurt mit 18 g Salz in einem mit einem sauberen Tuch abge-deckten Passiersieb abtropfen lassen. Abdecken und 24 Stunden kühlstellen.

Den Ofen auf 160 °C vorheizen. Den Sesam 10 Minuten im Ofen rösten und nach 5 Minuten bewegen, damit er nicht anbrennt.

Den Labneh mit dem gerösteten Sesam in eine Schüssel geben und einen Schuss Olivenöl darüberträufeln.

LES NIÇOIS

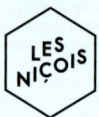

PISSALADIÈRE

Für 8 Personen | **Zubereitung 10 Minuten** | **Backzeit 10 Minuten**

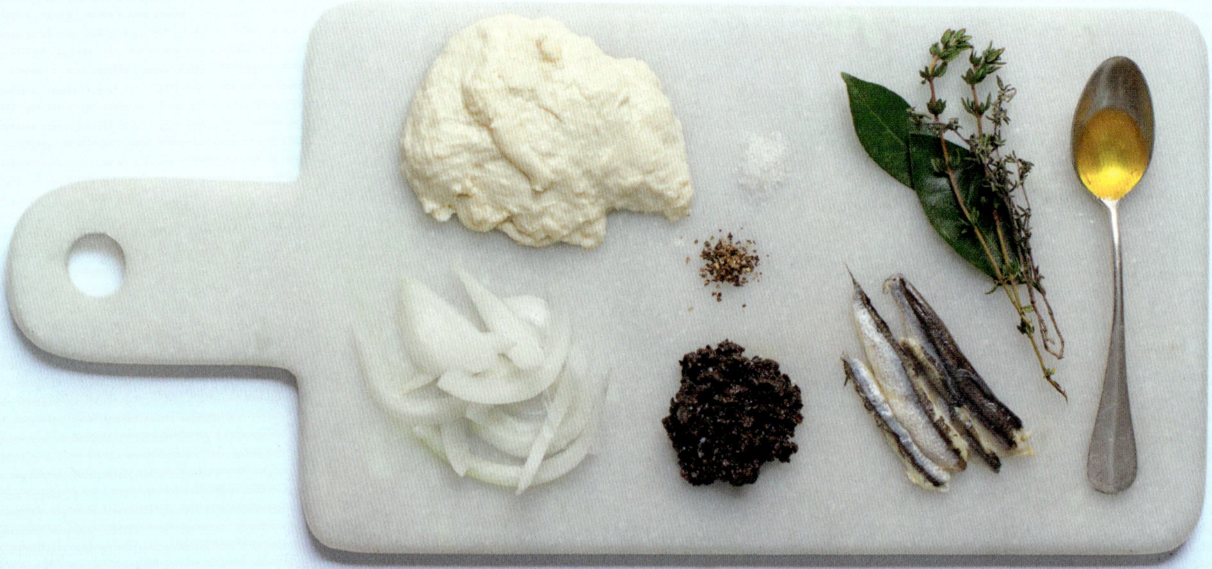

500 g Pizzateig (S. 4)
30 g Pissalat (S. 36)
200 g Zwiebelkompott (S. 36)

Den Ofen auf 200 °C vorheizen. Den Pizzateig auf 30 × 40 cm ausrollen und auf ein Blech geben. Die Garnitur mit dem Löffel darauf verteilen.

10 Minuten backen.

SOCCA-POMMES (POMMES FRITES AUS KICHERERBSENTEIG)

Für 6 Personen | **Zubereitung 30 Minuten** | **Ruhezeit 3 Stunden** | **Kochzeit 30 Minuten**

300 g Kichererbsenmehl
900 ml Wasser
120 ml Olivenöl
2,5 TL Salz + etwas zum Bestreuen
2,5 TL Piment d'Espelette
Frittieröl
1 Prise Pfeffer

Alle Zutaten bis auf das Frittieröl und den Pfeffer in einen Topf geben. Bei schwacher Hitze ca. 15 Minuten garen, dabei ständig rühren, zuerst mit dem Schneebesen, bis die Masse andickt, dann mit dem Spatel, bis sie nicht mehr klebt. Die Mischung auf ein Backblech von 30 × 40 cm streichen und 3 Stunden kühlstellen.

Die Fritteuse auf 180 °C vorheizen. Die Fläche in 1 × 5 cm große Pommes schneiden. Die Kichererbsenpommes 3–4 Minuten frittieren, bis sie goldgelb sind.

Auf Küchenpapier abtropfen lassen, dann mit Salz und Pfeffer würzen.

GEFÜLLTES GEMÜSE

Für 6 Personen | **Zubereitung 30 Minuten** | **Backzeit 15 Minuten**

300 g Toastbrot
ca. 100 ml Milch
Gemüse: 1 reife Tomate,
   1 Zucchini, 1 rote
   Zwiebel, 1 Paprika
1 Bund Basilikum
1 Bund glatte Petersilie
½ rote Zwiebel
1 Knoblauchzehe
50 g Parmesan
1 Ei + 1 Eigelb
Salz, Pfeffer
50 g Semmelbrösel

Das Toastbrot 10 Minuten in der Milch einweichen, dann abtropfen.

Das Gemüse vorbereiten: in der Mitte durchschneiden, Kerne entfernen. Das Herz der Zwiebel Schicht um Schicht herauslösen. Basilikum, Petersilie, ½ Zwiebel und Knoblauch hacken.

Den Ofen auf 160 °C vorheizen. Im Mixer das Toastbrot, die Kräuter, die ½ Zwiebel, den geschälten Knoblauch, den Parmesan, das Eigelb und das ganze Ei, 2 TL Salz und eine Prise Pfeffer mixen, bis eine glatte und ziemlich dicke Masse entsteht.

Das Gemüse mit der Masse füllen und mit den Semmelbröseln bestreuen.

15 Minuten backen.

PARMESAN-KROKETTEN

Für 4 Personen | Zubereitung 25 Minuten | Kühlzeit 4 Stunden | Kochzeit 12 Minuten

175 g Butter
175 g Mehl + 3 EL zum Panieren
ca. 300 ml Milch
100 g geriebener Parmesan
100 g Tomatenmark
1 Bund Basilikum
3 Knoblauchzehen
Salz, Pfeffer
2 Eigelb
3 EL Semmelbrösel

Für die Mehlschwitze die Butter in einem Topf schmelzen lassen, das Mehl einrühren, 5 Minuten rühren, dann die kalte Milch unterschlagen, bis die Masse homogen und fest wird. Vom Feuer nehmen, den Parmesan und das Tomatenmark zugeben. Verrühren. Wieder auf die Platte stellen und 5 Minuten weiterrühren. Das gehackte Basilikum und den durchgedrückten Knoblauch zufügen. Mit Salz und Pfeffer würzen.

4 Stunden kühlstellen.

Die Fritteuse auf 170 °C vorheizen. Kleine Kugeln formen und zum Panieren durch das Mehl, die Eigelbe und die Semmelbrösel ziehen. Die Kroketten etwa 2 Minuten frittieren. Auf einem Küchentuch abtropfen lassen. Zum Beispiel mit Pesto servieren.

FRITTIERTE ZUCCHINI

Für 4 Personen | **Zubereitung 30 Minuten** | **Kochzeit 5 Minuten**

1 kg Zucchini
50 g Maismehl
50 g Reismehl
2,5 TL Kreuzkümmel
2,5 TL Salz
1 Prise Piment
  d'Espelette
100 g Mineralwasser
1 Bund Petersilie
1 Bund Koriander

Die Zucchini mit einer Mandoline in feine Scheiben schneiden, für 1–2 Minuten in kochendes Salzwasser tauchen. Abtropfen, dann in kaltem Wasser abschrecken; sie sollen knackig bleiben.

Die beiden Mehlsorten, den Kreuzkümmel, das Salz und den Piment d'Espelette mischen. Mineralwasser unterschlagen. Die Tempura-Masse zu den Zucchini geben, die fein gehackten Kräuter zugeben und alles gut vermischen.

Die Fritteuse auf 180 °C vorheizen. Mit einem Esslöffel die Mischung in Portionen teilen und nacheinander in die Fritteuse geben. Einige Minuten frittieren. Auf Küchenpapier abtropfen lassen und servieren.

DANKSAGUNG

Danke an die Familie: Opa Armando, Oma Fafa, Opa Lucien,
Onkel Jilou und die ganze Mannschaft vom Restaurant Les Niçois

VERLAGSGRUPPE PATMOS

PATMOS
ESCHBACH
GRÜNEWALD
THORBECKE
SCHWABEN
VER SACRUM

Die Verlagsgruppe
mit Sinn für das Leben

7, rue Lacharière, 75011 Paris
lesnicois.com

Für die Verlagsgruppe Patmos ist Nachhaltigkeit ein wichtiger Maßstab ihres Handelns.
Wir achten daher auf den Einsatz umweltschonender Ressourcen und Materialien.

Aus dem Französischen übersetzt von Karen Gerwig
Alle Rechte vorbehalten
© der französischen Originalausgabe unter dem Titel Apéro Tartinade
Hachette-Livre (Marabout) 2018
© der deutschen Ausgabe 2019 Jan Thorbecke Verlag,
ein Unternehmen der Verlagsgruppe Patmos
in der Schwabenverlag AG, Ostfildern
www.thorbecke.de

Umschlaggestaltung: Finken und Bumiller, Stuttgart
Umschlagabbildung und Fotos im Innenteil: Aurélie Miguel
Satz: Schwabenverlag AG, Ostfildern
Hergestellt in China
ISBN 978-3-7995-1332-6